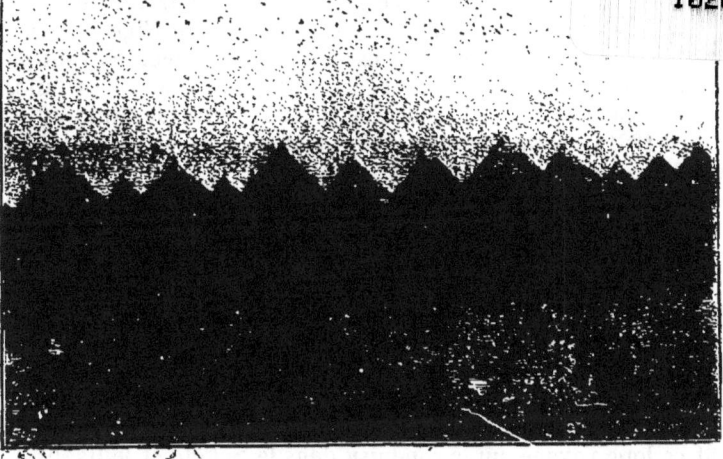

VILLAGE INDIGÈNE SUR LA BÉNUÉ.

LES ASSASSINS DU GRAND DÉSERT

Le massacre d'une partie de l'expédition Casmajou, dont il a été question récemment, n'est pas un fait isolé. Le martyrologe des pionniers français de l'Afrique cite un grand nombre de victimes de la férocité des indigènes, nègres et Touaregs, dans cette région du Soudan, du Niger, du Bornou, du lac Tchad, du Sahara méridional, qui depuis bien des années est visitée par nos missionnaires et nos explorateurs. C'est là que périrent les pères Deniaud et Augier en 1881, Crampel, Lauzière, Biscarrat, en 1891, bien d'autres à des dates plus rapprochées de nous. Les assassins, partout aux aguets, attendant l'occasion du crime et du pillage, restent le plus souvent impunis, parce qu'ils trouvent encore un refuge dans un pays où les Européens n'ont pénétré qu'en des circonstances plutôt fatales aux intérêts de la civilisation. Cependant des hommes d'une volonté énergique, comme Binger, Monteil, Mizon, ont affronté ces dangers, et si leurs tentatives n'ont pas été couronnées d'un succès complet, ils ont réussi à jalonner assez loin la route que suivra progressivement l'influence européenne.

Des Anglais, Barth, Robinson, à leur tour, ont donné cet exemple, et, malgré des difficultés qui seraient insurmontables si le courage ne défiait pas tous les obstacles, on peut espérer que l'œuvre si audacieusement et si utilement entreprise s'achèvera bientôt dans les mêmes conditions qu'en d'autres points du continent noir où la lutte n'a pas été moins obstinée et où la victoire est restée définitivement aux efforts dictés par l'amour de la science et de l'humanité.

C'est au beau livre du colonel Monteil (*Du lac Tchad à Saint-Louis*, Paris, Alcan) qu'il faut avant tout recourir pour avoir des notions précises sur le Haoussa et le Sokoto, qui confinent au Grand Désert. En 1890, Monteil, alors capitaine, avait reçu du gouvernement français la mission de reconnaître la ligne de partage qui délimitait à cette époque la zone d'influ... respective de la France et de l'Angleterre, zone précisée, il y a quelques mois, en 1898, par la convention du Niger. L'expédition de Monteil était des plus périlleuses, aucun voyageur n'ayant pu avant lui arriver au lac Tchad par l'ouest. Plusieurs tentatives faites quelque temps auparavant, celles de Flégel (1882-1884), de Zintgraff et Morgen (1890-1891), de Macdonald (1890), avaient échoué, et les empêchements s'augmentaient encore par suite de la révolte ouverte des naturels contre leurs roitelets dans beaucoup de ces petits États où il n'y a de raison que celle du plus fort. Ajoutez que des bandits infestaient les chemins, embusqués partout pour détrousser les caravanes et ne leur permettant le passage qu'après les avoir rançonnées. Ces caravanes, composées de plusieurs centaines de porteurs et d'animaux, ne défilaient qu'avec une extrême lenteur à travers des routes semées de menaces, et n'échappaient aux attaques qu'à la condition de payer aux chefs des villages, des tributs plus ou moins élevés.

Ce fut ainsi que Monteil, avec l'adjudant Badaire, son compagnon dévoué, fit ce long voyage qui le conduisit dans le Sokoto et le Haoussa, sur lesquels il n'existait jusqu'alors d'autre indication que les quelques notes de Barth. Il fut accueilli hospitalièrement par le chef du Sokoto et put visiter le grand marché arabe de Kano, où se réunissent les vendeurs d'esclaves. Il gagna ensuite Kouka, la capitale du Bornou, et de là put se diriger vers le point terminus de l'hinterland (zone d'influence française).

Vers la même époque, les Anglais, qui n'avaient cessé de poursuivre l'obtention du monopole commercial dans le bassin du Niger et qui, pour atteindre ce but, avaient créé la Compagnie royale, s'occupaient activement de se rapprocher du Sokoto pour y nouer ou resserrer des relations.

La Compagnie royale du Niger datait de 1879. Elle avait été formée par l'amalgamation de plusieurs sociétés privées qui, grâce à la concession d'une charte, avaient repris le programme de l'association créée en 1854 par Mac Gregor Laird et dissoute après la mort de son fondateur. Cette association, très éprouvée par la perte d'un grand nombre de ses pionniers (145 avaient succombé aux fièvres en quelques mois), était parvenue à remonter la Binué sur une distance assez considérable et à établir une ou deux stations commerciales sur le Niger; elle avait même obtenu la nomination d'un agent consulaire anglais à Lokoja, où se trouve le confluent du Niger et de la Bénué; mais les espérances de Laird furent traversées par des rivalités, le consul de Lokoja révoqué, le crédit demandé au Parlement refusé, bref l'entreprise était paralysée. La Royal Niger Company entrait donc en scène dans de mauvaises conditions. Dès l'année suivante, en 1880, les Français la concurrencèrent. De part et d'autre on mit tout en œuvre pour s'assurer des avantages, mais en 1884 les Français abandonnèrent l'affaire et vendirent aux Anglais tout ce qu'ils s'étaient acquis d'influence et de droits. En 1886, la compagnie anglaise, en possession de trois cents traités avec les chefs indigènes, y compris tous ceux du Haoussa, recevait de la couronne une nouvelle charte plus étendue, qui est encore actuellement en vigueur. Ce privilège ouvrait à l'influence anglaise toute cette riche région, qui pouvait devenir une source de prodigieux revenus.

A vrai dire, la France n'avait pas cessé de fixer les yeux sur cette

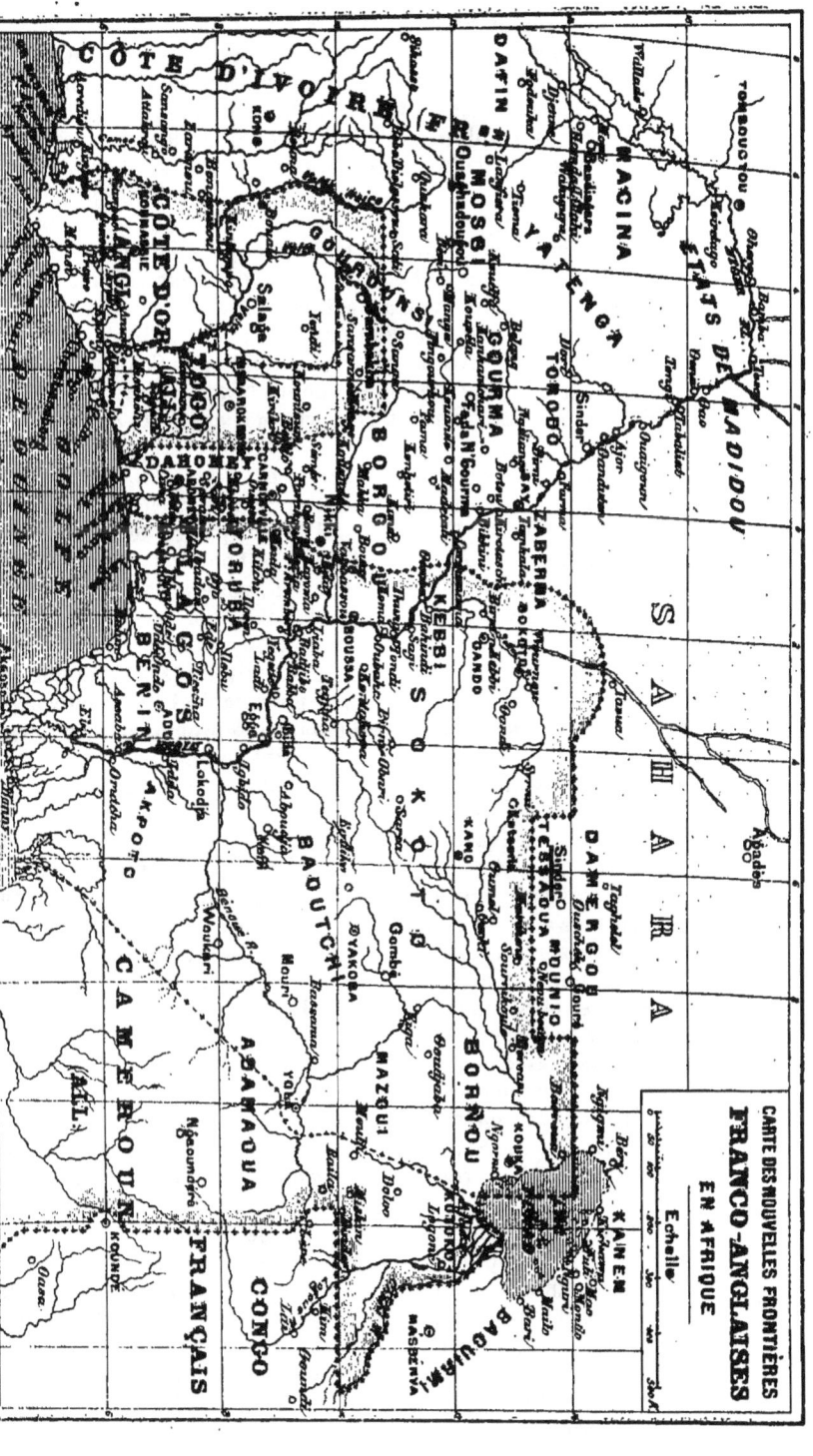

La zone d'influence française comprend tous les territoires au-dessus de la ligne de démarcation teintée en gris et formée de petites croix. L'endroit précis où a été massacrée l'expédition Cazamayou, entre le Damergou et le Tessaoui, à Sinder, est souligné. Il ne faut pas confondre ce Sinder, dans le Damergou, avec la localité de même nom qui se trouve sur le Niger, dans le Torodo.

partie du continent noir. Gambetta rêvait un vaste empire africain où flotterait le drapeau tricolore, et qui s'étendrait de la Méditerranée au Congo. Il seconda, dans ce dessein, la création de deux compagnies françaises sur le bas Niger en 1880; malheureusement, sa mort prématurée fit avorter ces combinaisons, et l'accord ou le renoncement de 1884 laissa les Anglais seuls maîtres du terrain. Les Allemands essayèrent alors de combattre l'influence britannique. En avril 1885, l'explorateur Flegel, sous les auspices de la Société coloniale allemande, quitta Berlin avec la mission de remonter le bas Niger et de tâcher d'obtenir des traités des sultans de Sokoto et de Gando, pour assurer au commerce allemand l'exclusivité des transactions commerciales dans le Haoussaland et pour s'ouvrir aussi une communication avec l'hinterland des Camérons allemands. Lorsque M. Flegel arriva à Sokoto, il y rencontra M. Thomson agent de la Compagnie du Niger, chargé de renouveler les traités avec les indigènes, et comprit qu'il avait été devancé et que son rôle devenait inutile.

La Compagnie royale du Niger avait, vers 1890, à Lokoja, un agent indirect, John Alfred Robinson, qui s'occupait spécialement de l'étude des langues haoussas. Ce linguiste, qui faisait partie de la société des missions protestantes, mourut en 1891 et eut pour successeur dans sa tâche un de ses parents, M. Charles Robinson, qui était au service de la Hausa association, avec son compagnon M. John Bonnier.

Le voyage qu'ils effectuèrent, et dont la relation a été publiée en 1896, fut un des plus intéressants que l'on ait faits dans cette région. Ils purent constater — et c'est à leurs yeux le point capital de l'ethnographie de ce pays — que l'esclavage y règne dans des proportions inouïes, que les mœurs, les intérêts des chefs l'y maintiennent en vigueur, le rendent en quelque sorte fatal, et que pour y mettre fin il y a toute une révolution sociale, morale, financière, économique à entreprendre.

Or, c'est l'esclavage qui est la sauvegarde des assassins du Grand Désert, car ce sont ces pillards de caravanes, ces massacreurs de pionniers qui s'offrent pour conduire les troupeaux d'esclaves vendus sur les marchés de Kano, de Sokoto, par centaines, par milliers même. L'assassinat ne cessera que lorsque la traite aura pris fin, et pour que celle-ci soit radicalement abolie, il faut plus qu'une intervention de l'influence européenne, plus que la suprématie de la civilisation : il est indispensable de changer tout le système existant des impôts et des transactions. Ces impôts sont les contributions prélevées par les rois africains sur les tribus qui acceptent leur autorité. Ces transactions, presque exclusivement réduites au portage des marchandises, ne peuvent, dans les conditions actuelles, s'effectuer qu'en ayant recours à des esclaves, soit que ceux-ci servent de porteurs, soit qu'on les vende en échange des objets achetés.

Quelles sont les mesures capables de détruire un pareil fléau? Et pourquoi ne les applique-t-on pas immédiatement? La lecture des pages que nous donnons plus loin répond à ces légitimes interrogations; mais, hélas! le problème est loin d'être résolu, et un quart de siècle, un demi siècle même est peut-être nécessaire pour imposer par la force aux assassins de l'Afrique la loi de justice et d'humanité, qui ne s'est établie d'ailleurs, en Europe même, qu'après des flots de sang versés et des combats séculaires du droit humain contre la force aveugle.

Charles SIMOND.

GROUPE DE NATURELS DE LA BÉNUÉ.

LE PAYS DE HAOUSSA [1]

KANO

I

Le nom de Kano avait si souvent sonné à nos oreilles depuis plus d'un an, que nous pénétrâmes avec un sentiment de curiosité mêlé de reconnaissance dans la grande cité du Soudan. Notre curiosité était mise en éveil par tout ce que l'on nous avait dit, notre reconnaissance provoquée par la satisfaction d'être arrivés sains et saufs. Les murs de la ville ont de vingt à quarante pieds de haut sur un circuit d'au moins quinze milles. Ils sont en pisé, et lorsqu'on les entretient en bon état, ce qui est ici le cas, ils forment un excellent rempart contre toute attaque des naturels. Une portion considérable de l'immense espace délimité par cette enceinte est mise en culture de manière à pouvoir dispenser les habitants de s'approvisionner de vivres au dehors s'ils avaient à soutenir un siège d'une certaine durée. La première maison qui s'offrit à nous, après avoir franchi une des portes du sud, était bâtie en style arabe. Les pièces, privées de fenêtres vitrées qui sont totalement inconnues ici, se trouvaient plongées dans une obscurité telle qu'il aurait fallu y tenir une lampe perpétuellement

[1] Les pages qui suivent sont empruntées, avec l'autorisation des éditeurs, au volume anglais *Hausaland* par C. H. ROBINSON (Londres, Sampson Low, Marston and C°). La traduction que nous en avons faite est inédite. (C. S.)

allumée. Aussi demandai-je qu'on nous donnât une habitation de style indigène plus appropriée aux besoins hygiéniques et aux conditions de vie de la localité. On nous logea donc tout à l'extrémité de la partie inhabitée de la ville. Notre logement se composait d'un jardin ou cour occupant environ un acre de terrain et de deux huttes en terre recouvertes d'un toit de chaume conique. Aussitôt après notre installation, nous reçûmes un présent du roi consistant en cent mille cauries, un bœuf, une chèvre, trois énormes sacs de riz et un grand sac de farine. Lorsqu'on nous délivra les cauries, on me fit savoir qu'il était de règle d'en laisser dix mille au porteur. On les met d'ordinaire en sacs de vingt mille chacun. Je constatai que l'homme qui était responsable du transport et de la livraison m'avait remis un sac qui n'avait pas son poids; on en avait retiré deux mille cauries, si pas davantage. Je lui demandai si dans ce sac il y avait le compte. Il me répondit affirmativement. Alors je lui dis de s'asseoir et de prendre sur le contenu de ce sac les dix mille cauries qui lui revenaient selon l'usage. Il s'empressa de satisfaire à mon désir, en faisant évidemment à part lui la réflexion que cet homme blanc ne devait pas être bien malin, puisqu'il laissait la « monnaie » ainsi à la disposition de celui qu'il devait payer. Mon indigène ne manqua par conséquent pas de profiter de la permission et s'adjugea un lot de cauries qui excédait de deux bons mille ce qui lui était dû. Son calcul fait à sa manière, je lui demandai de nouveau s'il y avait bien eu vingt mille cauries dans le sac. Il fit signe que oui; sur quoi je déclarai qu'il devait en rester dix mille, puisqu'il n'en avait pris que la moitié. Il m'assura que le compte était bien exact.

— Eh bien, lui dis-je, je garde ceux que vous avez si scrupuleusement comptés et vous laisse le reste.

Une expression de dépit se peignit sur son visage; il n'osa pas répliquer, mais son opinion sur le peu d'intelligence de l'homme blanc devait s'être sensiblement modifiée.

Deux jours après notre arrivée, nous allâmes saluer le roi et lui porter à notre tour nos présents : c'était une grande natte rouge et or, une couverture de soie bleue d'un beau travail, une pièce de soie non coupée, deux turbans de soie, une boîte à musique, un gong, une pendule, un flacon d'eau de Cologne avec bouchon plaqué d'argent, et quelques autres objets de moindre valeur. Le palais du roi comprend une série de constructions élevées sur un emplacement de plus d'un hectare de superficie. Chacune de ces constructions est presque entièrement en pisé, mais la terre comprimée a été si bien préparée et l'extérieur des différentes demeures si habilement râclé de façon à présenter partout une surface lisse, que l'effet général était beaucoup plus réussi que nous ne l'aurions cru. Nous entrâmes par le portail principal, et nous nous vîmes dans une sorte de cour entourée de bâtiments où deux à trois cents! naturels étaient assis en groupes. On nous mena dans une des constructions, où nous attendîmes pendant deux heures que le roi eût fini l'examen de nos présents. A la fin, on nous introduisit dans la salle d'audience, où il faisait si noir que nous avions peine à distinguer le roi couché sur une estrade à trente mètres au-dessus de la place où nous nous trouvions. Il était voilé, ses traits si complètement cachés que nous ne voyions que ses yeux. Notre entretien se borna presque exclusivement à des révérences réciproques; il saluait, nous de même; il resaluait en insistant, nous insistions à notre tour; il accentuait ses salutations avec plus d'effusion, et nous ne demeurions pas en reste. Ces protestations allaient *crescendo* avec une mimique de plus en plus expressive. Il essaya ensuite de prononcer mon nom, mais ne parvint à dire que Rubshi (au lieu de Robinson). A la fin, il nous demanda si nous étions des marchands, puis il nous fit signe que nous pouvions nous retirer. Nous obéîmes en recevant successivement les marques de profond respect d'une cinquantaine de courtisans qui avaient assisté à l'entrevue.

Quand nous fûmes de retour dans notre logis, le *maji*, ministre du roi exerçant le pouvoir exécutif, nous fit réclamer un présent en échange de celui qu'il nous avait donné, ainsi qu'un présent pour son fils qui nous l'avait apporté. Son cadeau pouvait valoir sept schellings (une dizaine de francs tout au plus). Je lui en envoyai un pour lui qui valait bien deux livres (50 francs), et un pour son fils qui pouvait s'estimer quinze schellings (une vingtaine de francs). Il me retourna ce dernier en m'informant que ce n'était pas assez. Comme nous étions forcés de nous concilier ses bonnes grâces en vue de pouvoir séjourner quelque temps dans la ville, j'ajoutai un bon surplus au cadeau refusé et le fis représenter ainsi augmenté. Il m'adressa aussitôt un message de remerciement en me disant qu'il était heureux de voir que nous connaissions et comprenions les usages des Haoussas.

Combien de gens dont le bagage de notions géographiques n'est pas au-dessous de la moyenne seraient en peine de dire immédiatement en quelle partie du monde se trouve Kano! Et pourtant cette dernière ville est tout aussi connue dans le Soudan central que Londres l'est en Europe. Il serait difficile de trouver un habitant, même du plus obscur village, à des centaines de milles à la ronde, qui ignore l'importance de cette grande place commerciale du Hausaland et qui n'ait eu en sa vie l'occasion de converser avec les marchands qui en reviennent. Le marché de Kano est, en effet, le plus considérable de toute l'Afrique tropicale, et les produits qui s'y vendent y arrivent par le golfe de Guinée au sud, par la Méditerranée au nord, par l'Atlantique à l'ouest, par le Nil et la mer Rouge à l'est. L'étranger qui, dans une conversation avec un indigène, prend intérêt à telle localité du Soudan central peut être sûr de s'entendre demander :

— Vous n'avez pas vu Kano ?

Point central où convergent non seulement tous les Haoussas, mais toutes les autres races soudanaises, Kano peut évaluer la population flottante qui s'y succède au cours d'une année à plus de 2 millions d'individus, suivant Monteil. Les Touaregs du désert s'y rencontrent avec les naturels d'Adamoua et de toute la région méridionale, les marchands arabes avec ceux qui arrivent des bords du lac Tchad d'un côté, ou des bords du Niger et même de l'Atlantique d'un autre côté. Les pèlerins musulmans y affluent de près ou de loin en allant à la Mecque ou à leur retour. La population sédentaire y représente un chiffre dont on ne peut se faire une idée exacte ; il est impossible de calculer le nombre des habitations de la ville et de dire même très approximativement combien de gens occupent en moyenne chacune d'elles. La seule statistique que l'on puisse établir à cet égard est celle qui se base sur la moyenne des décès par jour. Un mollah, dont la seule occupation consiste à chanter des prières sur les trépassés, m'a positivement assuré qu'il y a dix enterrements à Kano, chaque jour de la semaine. Si l'on admet cette affirmation pour vraie, et si l'on calcule que la vie moyenne à Kano est de trente ans, cela donnerait une population de plus de cent mille âmes. Mais il y a sur ce nombre plus d'une moitié figurée par les esclaves, sur lesquels on ne peut fournir aucune donnée précise.

L'importance de la ville résulte premièrement de ses industries locales, secondement du commerce qui s'y concentre et qui est la conséquence directe de l'existence même de ces industries. Celles-ci comprennent principalement le tissage des étoffes faites avec le coton qui croît dans la région, puis la teinture de ces étoffes et la confection des vêtements auxquels elles servent. Il n'est peut-être pas exagéré de dire que la moitié des Soudanais portent des étoffes et des vêtements provenant de Kano, et tout voyageur qui veut s'en assurer trouvera facilement à acheter de ces étoffes et de ces vêtements dans les villes de la côte africaine les plus éloignées l'une de l'autre, à Alexandrie, Tripoli, Tunis ou Lagos. L'étoffe est tissée sur des métiers étroits, chaque lé n'ayant pas plus de quatre pouces anglais de largeur. Ces lés sont ensuite cousus si adroitement ensemble que l'œil le plus fin ne pourrait découvrir la couture qu'après la plus minutieuse recherche. La plus grande partie de ces étoffes est teinte en bleu avec l'indigo du pays, qui y vient partout à l'état sauvage en abondance. Il y a aussi une matière colorante spéciale pour la teinture écarlate. Barth, en parlant du commerce d'exportation de Kano, écrit: « Je crois pouvoir évaluer le produit total des manufactures d'ici, en ce qui regarde leurs débouchés extérieurs, à trois cents millions de francs au bas mot,

CHARLES H. ROBINSON, EXPLORATEUR ANGLAIS DU HAOUSSALAND.
(Photographie Clarke, Cambridge.)

et l'on se rend compte de ce qu'est la richesse de cette ville, si l'on sait qu'avec cinquante ou soixante mille cauries, soit quatre à cinq livres sterling (80 à 100 francs) par an, toute une famille peut vivre à l'aise ici, toute dépense comprise, même celle du vêtement. » Parmi les industries locales, il faut encore citer celle des tanneurs, qui apprêtent surtout les peaux de chèvre. Ces peaux, une fois tannées à la perfection, sont teintes en rouge et exportées au loin à travers tout le Soudan. Kano en emploie une grande quantité pour la fabrication des souliers et sandales, celles-ci s'exportant presque aussi couramment que les étoffes.

Quant au commerce d'importation à Kano, il repose avant tout sur la vente d'un article qui n'est guère connu de nous en Europe, mais qui donne lieu dans tout le Soudan occidental et central à des transactions plus grandes que tout autre objet. Cet article n'est pas, à vrai dire, originaire du pays des Haoussas, mais il n'est village ni hameau si petit ni si à l'écart qui n'en consomme usuellement. Je veux parler de la noix de kola. Elle est fournie par un arbre, le *sterculia acuminata,* dont la plus belle espèce se trouve dans la région adossée à la Côte d'or. On la trouve aussi à l'est jusqu'à la limite tracée par la Gambie et en plus ou moins grande quantité dans toute la contrée entre ces deux bornes. Ce fruit ressemble à un gros marron. Il est logé dans de longues cosses qui contiennent chacune de quatre à six noix. Il vient, comme les châtaignes, par grappes de trois ou quatre. Autour de la noix de kola, il y a presque toujours une ligne noire, quelquefois deux, ce qui permet de les casser par moitié ou en quatre. La couleur du fruit est généralement rouge brique, quoique dans certaines régions, principalement dans celles qui sont le plus éloignées à l'ouest, il y ait toute sorte de nuances intermédiaires entre le rouge et le blanc. Chez les Bambarras la noix de kola joue un rôle dans la vie publique et privée. La couleur a, en ce cas, une signification spéciale : la kola blanche est toujours un symbole d'amitié et d'hospitalité ; les offres de mariage, promesses et refus, déclarations de duel et de guerre, sont accompagnées de l'envoi de nombreux présents de noix de kola d'une couleur déterminée. La kola de Gandja, qui est uniformément rouge, est celle qu'on apporte le plus fréquemment au marché de Kano, parce qu'elle se conserve mieux que toute autre espèce. Le marchand doit, au reste, avoir les soins les plus minutieux dans le transport de cette marchandise si recherchée pour la présenter à l'acheteur en parfait état. On la met dans des paniers fabriqués à Kano qui peuvent contenir de trois à quatre mille noix. Deux de ces paniers remplis font la charge d'un âne. Bien triées et bien surveillées, les noix peuvent être conservées fraîches pendant deux ans et même trois, mais pour cela il faut les tenir constamment humides. Exposée à l'air, la kola, en séchant, s'ouvre dans le sens de la ligne noire mentionnée plus haut, se recroqueville et devient dure comme du bois. Dans cet état elle perd 90 pour 100 de sa valeur. Pour le transport, les noix de kola sont empaquetées dans des paniers et couvertes de feuilles vertes. Toutes les quatre ou cinq heures, il faut les dépaqueter pour changer les feuilles, et, après avoir enlevé les noix qui sont atteintes du mildiou, il faut les rempaqueter avec la plus grande attention. Les gros bénéfices que rapportent celles qui arrivent bonnes et fraîches au marché compensent les pertes et les frais de transport. A Gandja, une noix de kola coûte, prix moyen, cinq cauries; à Say, sur le Niger, on la paye de soixante-dix à quatre-vingt cauries; à Sokoto, cent; à Kano, cent cinquante à deux cent cinquante; à Kouka, sur le lac Tchad, deux cent cinquante à trois cents.

Quelles sont donc les propriétés de ce fruit qui forme l'article de commerce le plus important du Soudan central? Le fait que depuis des temps immémoriaux tout le monde, riche et pauvre, le recherche avidement et dépense le dernier de ses cauries pour acheter une ou plusieurs de ces noix que l'on mâche, prouve que ce n'est pas seulement un objet de fantaisie. L'analyse scientifique de la noix démontre qu'elle contient une grande quantité de tannin et d'un alcaloïde analogue à la théine et à la caféine. Les gens du pays croient que la kola fait cesser les souffrances de la fièvre et permet de se passer de nourriture pendant une longue période de temps. C'est un stimulant qui remplace le thé et le café, l'un et l'autre ignorés ici. L'extrême amertume et le mauvais goût de la kola nous ont fait renoncer à l'employer. Et quand, privés de tout aliment, nous aurions été heureux de faire l'expérience, il nous était impossible de nous procurer une seule de ces noix. Quelles que soient au vrai ses vertus spécifiques, il est certain que la grande fortune commerciale de Kano est due aux millions de noix de kola qui se vendent sur son marché.

Après la kola vient, comme produit importé à Kano, le sel, que l'on ne trouve nulle part sur toute l'étendue de ce vaste pays des Haoussas. Les localités situées à cent cinquante milles du Niger et de la Bénué reçoivent le sel qui s'y consomme par l'entremise de la Compagnie royale du Niger. Kano et la région centrale s'approvisionnent de sel sur les marchés, où on l'apporte à dos de chameaux, du sud du grand Sahara, c'est-à-dire d'Asben et de Bilma. Le prix du sel au détail à Kano est d'environ 1 schelling (1 fr. 25) par livre anglaise. C'est aussi ce qu'on paye le sucre importé d'Égypte et de Tripoli. Barth a fait route pendant quelques jours avec une caravane de marchands de sel qui ne conduisaient pas moins de trois mille chameaux. On vend aussi des sabres, des lances et d'autres armes en fer forgé fabriquées dans le pays. On prend d'abord l'empreinte de l'objet à la cire, et cette empreinte forme un moule dans lequel on verse du plomb fondu. Les Haoussas n'ont aucune notion de la fabrication de l'acier. Aussi les limes que nous avions avec nous ont-elles fait les délices des forgerons indigènes.

— 12 —

Les marchandises européennes qui arrivent sur le marché de Kano y sont généralement convoyées, au débarquer de la Méditerranée, à travers le désert. Les caravanes venant du nord apportent annuellement environ douze mille charges de chameau consistant surtout en objets de cuivre, en sucre et poivre, clous de girofle, poudre, aiguilles, turbans d'étoffe, burnous de soie rouge, vêtements arabes en laine, bonnets soudanais de couleur rouge, miroirs, perles de corail rouge, etc. Le trajet de Kano à Tripoli varie de trois à neuf mois, la distance à parcourir étant d'environ dix-huit cents milles. La traversée du désert s'effectue par deux routes distinctes : la première allant directement au nord, de Kano par Zinder, Asben et Ghat; la seconde menant de Kouka au lac Tchad par Bilma et Mourzouk. En quittant l'Angleterre, j'avais eu l'intention de revenir de Kano par le grand Sahara jusqu'à Tripoli, cette route, me paraissant préférable, au point de vue hygiénique, à toute autre qu'on voudrait nous obliger à suivre. Les renseignements pris à Kano sur l'itinéraire par Zinder et Asben nous apprirent que les Touaregs, dont il aurait fallu nécessairement franchir le territoire, étaient si hostiles aux Européens qu'il paraissait impossible de s'engager dans ce chemin. On nous dit que plusieurs Arabes avaient été assassinés peu de temps auparavant par ces tribus errantes, uniquement parce qu'ils avaient le teint blanc et qu'on avait cru avoir affaire à des chrétiens déguisés, et, quoiqu'ils eussent protesté contre cette supposition en affirmant qu'ils étaient musulmans, on les avait massacrés.

INDIGÈNE HAOUSSA DE LOKOJA
EN COSTUME MUSULMAN.

Cette route nous étant fermée, nous fixâmes notre attention sur l'autre par le lac Tchad et Bilma. Mais nous trouvâmes, à notre grand désappointement, qu'elle n'était pas plus praticable pour nous que la première. En effet, depuis plus de deux ans tout commerce avait été suspendu entre Kano et le lac, à cause de la guerre civile qui avait sévi pendant longtemps dans la province de Bornou. Presque aussitôt après la prise de Khartoum et la mort de Gordon, un homme appelé Rabbah, ancien esclave de Zubehr Pacha, avait reçu du Mahdi le commandement du Darfour en qualité de gouverneur; mais bientôt le Mahdi, craignant qu'il n'abusât de son autorité, l'avait rappelé à Omdurman. Rabbah, soupçonnant le Mahdi de vouloir le tuer, refusa d'obéir et, au lieu de revenir à Omdur-

PANORAMA DU CONFLUENT DU NIGER ET DE LA BÉNUÉ.

man, se mit en marche vers l'ouest avec une armée considérable de fanatiques dévoués à sa cause, qu'il avait ramassés dans le Darfour. Il envahit et subjugua le Wadaï et le Baghirmi et attaqua le sultan de Bornou. Une bataille ou plutôt une série de batailles furent livrées, et Rabbah put s'emparer de Kouka, la capitale du Bornou, une ville de soixante mille habitants qu'il détruisit. Au moment où nous nous trouvions à Kano, on disait qu'il était arrivé jusqu'à Khadeijah, au nord-est de Kano, entre cette ville et le lac Tchad (1). Il eût été impossible de décider un seul porteur à risquer le voyage jusqu'au lac Tchad dans ces circonstances, et quant à partir sans porteurs et serviteurs, il n'y fallait pas songer. Peut-être pourrait-on combiner un itinéraire où entreraient les deux routes du désert, en prenant d'abord par le nord jusqu'à Zinder, puis en traversant un sentier peu battu jusqu'à Bilma, qui est situé sur la route directe du lac Tchad à Tripoli; mais des informations plus précises nous donnèrent la certitude que la route de Zinder à Bilma, sur une distance d'environ cinq cents milles, se traçait à travers un désert presque sans eau, les puits étant éloignés l'un de l'autre d'au moins dix journées de marche. Or un chameau, dans les conditions les plus favorables, ne peut supporter pendant dix jours la privation totale de boire, et comme en outre on nous avertit que les tribus infestant la première partie de la route étaient extrêmement dangereuses, nous dûmes en fin de compte renoncer à ce programme.

Pour en revenir au marché de Kano, ajoutons qu'on y vend régulièrement, sur la place ou dans les boutiques des marchands, de l'ivoire, des plumes d'autruche, du natron (carbonate natif de soude), des chameaux, des chevaux, des ânes et du bétail. L'ivoire est importé directement d'Adamoua. On peut toujours s'en procurer en grande quantité, mais les marchands n'en mettent pas en vente beaucoup à la fois. Le commerce des plumes d'autruche se fait aussi sur une grande échelle, mais de la main à la main; le tout va, à peu de chose près, à Tripoli. Les chameaux s'emploient au trafic qui s'opère au nord de Kano, les chevaux et les ânes pour celui qui se pratique au sud, mais ces derniers rendent peu ou point de services pendant la saison des pluies.

On trouve du pain sur le marché pendant six mois; il a la forme de brioches anglaises (buns), et la farine y est additionnée d'une forte dose de poivre. Cette farine est faite du froment qui pousse dans les champs un peu au nord de Kano. Les transactions, achats et ventes, ne se font guère sans l'intermédiaire d'un tiers qui fait office de courtier et reçoit du vendeur 5 pour 100 du prix payé par l'acheteur. Même quand l'affaire se traite en dehors

(1) La prise de Khartoum (Omdurman) par les Anglais, sous le commandement du sirdar sir Kitchener, et la destruction complète de la puissance du Mahdi renforcent la situation de Rabbah. Il est probable que ce dernier rentrera bientôt en scène. (C. S.)

du marché, il y a toujours quelqu'un qui réclame la commission. Si la vente se fait dans une maison particulière, c'est le maître de la maison qui touche les 5 pour 100. Ces opérations de vente et d'achat, quand elles ont lieu entre Arabes et indigènes, prennent un temps infini et traînent en longueurs inimaginables. Si l'objet à vendre a quelque valeur importante, on y consacre non des heures, mais des journées. Je me rappelle que, pendant notre voyage au nord du désert de Sahara, mon compagnon et moi nous voulions nous défaire de deux chameaux qui nous étaient devenus inutiles. Ces chameaux en bon état n'offraient ni vices ni tares. Deux Arabes qui en avaient envie arrivent nous trouver et nous disent qu'après avoir inspecté attentivement les deux bêtes, ils leur avaient découvert toutes les maladies qui peuvent atteindre le chameau, et qui les mettraient bientôt absolument hors d'usage; cependant, ils voulaient bien nous en donner un prix, qui était tout juste le quart de leur valeur réelle. Nous répondîmes en faisant ressortir les qualités uniques de nos chameaux, qui leur rendraient certainement des services inappréciables, et nous conclûmes l'éloge de nos montures en demandant une somme six fois plus forte que celle qui nous était offerte. Les Arabes s'éloignèrent avec un geste d'horreur et de mépris, mais ils revinrent au bout d'une demi-heure nous apprendre que nos chameaux avaient encore une couple de défauts qu'ils ne leur avaient pas vus d'abord, mais que, néanmoins, ils étaient disposés à augmenter considérablement le montant de leur offre. Nous répartîmes que, nous aussi, nous avions constaté une couple de qualités à joindre à celles déjà signalées, mais que, malgré cela, nous ferions un rabais assez sérieux sur notre premier prix. Ces négociations avaient duré au moins trois jours, quand nous finîmes par tirer de nos deux chameaux un bon chiffre de vente. Je cite cette anecdote pour montrer ce qu'il faut de patience pour vendre et acheter entre Arabes et naturels.

*
* *

Un commerce qui mérite une mention toute spéciale est la traite des esclaves. Il y en a d'ordinaire un demi-mille à la fois à vendre sur le marché de Kano, et on les marchande comme tout autre article. J'y reviendrai dans un instant.

Barth, dont nous avons vérifié le témoignage, dit que Kano est peu salubre. La ville a, il est vrai, une altitude d'au moins quatorze cent vingt-cinq pieds (environ quatre cent trente mètres), et cette position sur une hauteur devrait la mettre à l'abri de la malaria, qui a donné une si mauvaise réputation à tout le pays situé au bord du Niger. Mais elle est loin d'être aussi indemne qu'on le croit. Son insalubrité est due sans doute à la grande quantité d'eau stagnante qu'on y trouve. Un vaste étang, appelé le Jekara, forme comme un égout collecteur où l'on jette toutes les

CHASSE A L'HIPPOPOTAME.

issues provenant du marché, pendant que l'eau à boire distribuée dans le voisinage, lorsqu'on ne la prend pas directement à l'étang, est fournie par des puits qui sont très probablement en contact indirect avec ce dernier. Les fondrières où l'eau séjourne sont produites en grande partie par le creusement du sol boueux pour avoir de la terre à bâtir. Ces fondrières sont généralement recou-

LES EXPLORATEURS DU HAOUSSALAND, G. WILMOT BROOKE ET JOHN ALFRED ROBINSON, EN COSTUME HAOUSSA.

vertes de plantes aquatiques (*Pistia stratiotes*) flottantes. Beaucoup se dessèchent et disparaissent au cours de l'été. Il y a un grand nombre de puits à l'extrémité de la partie habitée de la ville. Nous en possédions un dans notre cour, et il nous donnait une eau relativement potable. Les naturels qui ne boivent que de l'eau impure en deviennent malades. Le docteur Tonkin nous assura que la dysenterie dont il fut atteint avait été causée par le beurre lavé dans l'eau du marché. Aussi eûmes-nous la précaution de faire bouillir tout notre beurre avant d'en manger. Les mauvaises conditions hygiéniques sont imputables à l'incurie. Si l'on comblait les marais stagnants et si l'on avait soin d'empêcher la contamination des puits. si l'on améliorait le drainage de la ville, elle serait assez assainie pour permettre aux Européens d'y vivre relativement bien ; mais on ne peut espérer la réalisation de ces améliorations que dans un avenir plus ou moins prochain.

II

Sur trois cents individus de la population actuelle du globe il y a un esclave haoussa. Cette affirmation énonce un fait tellement monstrueux et incroyable qu'elle paraîtra paradoxale à quiconque n'a que fort peu de notions sur la vie au Soudan central. Il est généralement admis que les individus de langue haoussa représentent un total d'au moins quinze millions, soit 1 pour 100 du chiffre total des habitants de la terre. Le colonel Monteil, qui a exploré une portion considérable du Haoussaland, estime que le chiffre des esclaves y surpasse de beaucoup celui des hommes libres. Je crois la proportion un peu trop forte, mais je suis sûr qu'il y a bien un bon tiers du pays réduit en esclavage. La chasse aux esclaves, et la traite qu'elle alimente sont le grand fléau du Soudan central. Il n'y a pas de territoire de même étendue en Afrique où le commerce des noirs soit en ce moment aussi florissant sans que l'influence européenne y fasse obstacle. On a dit et écrit tant de choses au sujet de la traite dans l'Afrique orientale que, si odieuse qu'elle soit sur la côte est du continent noir, elle est cent fois pire sur la côte ouest. Et ce qui rend cet état de choses encore plus infâme, lorsqu'on se place au point de vue anglais, c'est que le pays où se font cette chasse aux esclaves et cette traite est anglais et compris dans la zone d'influence anglaise, d'après les conventions de Berlin. En réclamant pour la Grande-Bretagne cette vaste étendue de territoire, nous avons mis la main sur l'une des divisions les plus considérables et les plus riches de l'Afrique équatoriale, mais nous avons assumé aussi une grave responsabilité à laquelle nous ne pouvons plus nous soustraire. La grande majorité des esclaves du Haoussaland viennent, non de l'étranger ou du dehors, mais des villages et des localités dont les habitants appartiennent à la même race et à la même tribu que ceux qui les capturent. Il en résulte que le pays est sans cesse exposé à tous les maux d'une guerre civile perpétuelle. Il n'y a point de sécurité pour la vie des individus et pour leurs biens. A tout moment, le roi d'un territoire comprenant telle ville ou tel village peut recevoir un message d'un autre roi dont il est tributaire et qui lui ordonne de fournir un contingent d'esclaves, sous peine de pillage et de massacre. Il choisit, en conséquence, une localité quelconque de ses propres États et, sans l'ombre d'une excuse, l'attaque à l'improviste, s'empare des habitants et en fait des esclaves. L'attaque a toujours lieu en nombre assez grand pour paralyser toute résistance. Quiconque se défend est massacré; les autres, chargés de chaînes ou d'entraves, sont conduits à la ville du vainqueur, d'où on les dirige sur un marché du centre où on les vend, à moins qu'on ne les garde quelque temps pour les comprendre dans le tribut annuel payé au sultan de Sokoto. Il suffit, pour se convaincre de ces horreurs, de lire l'*Autobiographie d'un esclave* publiée par M. H.-H. Johnson, ancien consul britannique sur la côte ouest et maintenant commissaire du gouvernement dans le Nyassa. Cette lecture fait le jour sur les maux affreux de l'esclavage dans le Haoussaland. J'ajouterai que ces maux ne frappent pas seulement l'individu que l'on vend comme esclave. En parcourant un de ces marchés — il y en a dans toutes les villes du Haoussaland — je pus constater souvent que le propriétaire d'esclaves est un être encore plus misérable et plus abject que l'esclave même. Et je ne serai pas démenti en disant que le devoir de tous ceux qui veulent travailler sincèrement à l'expansion de la civilisation en Afrique est de couper ce mal à la racine.

Pendant notre voyage de Loko à Egga par Kano, sur un parcours d'environ huit cents milles, nous eûmes fréquemment l'occasion d'observer le peu de sécurité créé par cette traite des noirs. Après avoir quitté Loko, nous arrivâmes à Nassaraoua, où nous fûmes forcés d'attendre le retour du roi, qui était à la chasse aux esclaves. En atteignant Jimbambororo, village à quelques milles de là, on nous dit que le roitelet de l'endroit n'était pas à l'aise, car on venait de razzier une vingtaine de ses sujets capturés comme esclaves par la population d'une ville voisine. Plus loin, nous traversâmes un endroit où, deux jours auparavant, quinze marchands d'ébène humain avaient été pris et emmenés eux-même en esclavage; puis, avant d'arriver à Katchia, on nous montra sur un autre point de notre route une localité où cinq voyageurs, deux jours auparavant, avaient eu le même sort. A Zaria, qui est une grande ville, nous vîmes sur le marché environ deux cents esclaves en vente, et l'on nous dit que le roi était en expédition de chasse à l'homme. Pendant notre séjour à Kano, on y amena un millier d'esclaves pris dans cette expédition. En allant de Kano à Bida, nous traversâmes des villes et des villages, littéralement sans nombre, que l'on venait de détruire totalement pour réduire tous les habitants en esclavage, et ces actes étaient le fait non de quelque envahisseur étranger, mais du propre roi du pays dont ces localités faisaient partie.

Les esclaves sont, d'ailleurs, de la monnaie courante, là où il n'est pas commode de payer les achats en cauries. Quand, par exemple, un indigène va faire un voyage au loin, il a d'ordinaire pour escorte un nombre d'esclaves proportionné à la durée de sa route. Au bout d'une centaine de milles de chemin, il s'arrête et vend un esclave. Le produit de la vente lui permet de se procurer des vivres pour faire une seconde marche de même longueur. Nouvelle vente d'un esclave. Il s'arrange ainsi de manière à avoir vendu d'étape en étape tous ses noirs, sauf ceux qu'il garde pour son service personnel.

Les prix des esclaves diffèrent beaucoup selon l'âge et le sexe, comme aussi selon les fluctuations de l'offre et de la demande, selon l'endroit et le moment où a lieu la vente. A Kano, le plus haut prix payé pour une jeune fille de quatorze ans équivaut à un chiffre de cauries correspondant en monnaie anglaise à une somme de sept à dix livres sterling (175 à 250 francs). Un jeune garçon de dix-huit ans se paye couramment de trente à quarante livres (600 à 800 francs); puis le prix baisse à mesure que l'âge augmente.

Le mariage des esclaves à Kano est régi par certaines coutumes sévèrement observées. Un homme libre ne peut épouser une esclave et réciproquement; si un homme libre a un enfant d'une esclave, qui est sa propriété, il ne peut plus la vendre. Deux esclaves ne peuvent se marier entre eux qu'avec le consentement de leurs maîtres respectifs. Le premier enfant issu de ce mariage appartient au propriétaire de la femme, le second au propriétaire du mari, et ainsi de suite alternativement. Tout maître peut maltraiter son esclave à son gré, sans avoir le droit de le tuer. Quand un maître n'a pas d'ouvrage pour son esclave, ce qui arrive souvent, il l'envoie chercher sa nourriture n'importe où; mais, dans ce cas, l'esclave doit lui payer une sorte de contribution mensuelle de trois mille cauries. Et se procurer cette somme en outre des besoins d'existence n'est pas chose facile.

Quant à la manière dont les esclaves sont traités en règle générale par leurs maîtres, il m'a été très difficile de me former une opinion. Il y a certainement bien des cas où, pour ce qui concerne l'existence, le sort de l'esclave est presque aussi heureux que s'il était libre, mais d'autre part on ne saurait ignorer que la cruauté est pratiquée à l'égard de ces misérables dans les conditions les plus féroces, non seulement au moment de leur capture, mais aussi dans la suite, et c'est ce qui a lieu communément pour la majorité des esclaves. Cependant on ne peut nier que beaucoup d'entre eux semblent contents de leur état, que bien peu voudraient en changer. Mais il faut voir dans cette résignation plutôt le fait de l'abaissement moral, conséquence de l'esclavage, qui n'aspire plus même à la liberté, ce droit primordial de l'homme. Sur beau-

RUINE: D'UNE ÉGLISE CHRÉTIENNE.

coup de points du pays des Haoussas, les esclaves sont assez nombreux comparativement aux hommes libres pour renverser le gouvernement existant et pour recouvrer leur indépendance par la force des armes, et pourtant les exemples de ces rébellions sont très rares dans le passé historique des Haoussas. Il est même fort probable que toute tentative d'affranchissement sur une large échelle aurait fort peu de succès.

Un très grand nombre de ces esclaves sont emmenés à travers le désert par les caravanes qui vont à Tripoli et à Tunis. En arrivant dans l'une ou l'autre de ces villes, ils sont censés libres ; mais à Tripoli généralement et à Tunis aussi, quoique moins fréquemment, il en est beaucoup qui, soit ignorance, soit crainte, s'abstiennent de revendiquer leurs droits.

La chance que pourrait avoir un esclave d'épargner assez d'argent pour se racheter dans son propre pays est extrêmement rare, et il y faudrait employer, même dans les circonstances les plus favorables, plusieurs années.

Si l'on se demande ce que l'on pourrait faire pour abolir totalement le commerce des esclaves dans cette partie de l'Afrique, ou, en d'autres termes, ce que pourrait faire l'intervention anglaise, on reconnaît assez vite qu'une des mesures les plus importantes à prendre avant tout pour atteindre ce but, autant que possible, ce serait d'adopter un autre système de monnaie courante. Actuellement, les esclaves servent en premier lieu de monnaie dans les cas où il s'agit de payer un tribut élevé à quelque autre État, et en second lieu de porteurs. Il ne faut attendre rien de bon d'une solution du problème qui ne tiendrait pas compte de ces deux usages et ne s'attacherait point à y donner satisfaction. Sur le tribut que les États des Haoussas doivent verser au Sokoto, les trois quarts au moins sont payés en esclaves. Nous tenons de source autorisée que le roi d'Adamaoua acquitte ainsi son tribut annuel par une livraison de dix mille esclaves. Kano, qui n'en fournit que le plus petit nombre, en livre une centaine et paye le reste de son tribut en tissus. Si l'on supprimait l'esclavage du coup, il serait impossible à beaucoup d'États de trouver immédiatement une autre unité monétaire pour payer leurs redevances.

Peut-être le meilleur moyen de remédier à cet état de choses serait-il d'introduire en quantité considérable et à des prix bon marché les thalaris ou pièces à l'effigie de Marie-Thérèse, qui circulent dans toute l'Afrique depuis plus d'un demi-siècle, et, dans certaines régions, sont très recherchées par les indigènes. En faisant affluer ces pièces, on en ferait certainement baisser le cours, mais la perte serait compensée par l'impulsion que l'on donnerait ainsi au commerce.

Il n'y a certainement pas d'œuvre plus philanthropique que d'utiliser l'argent, si abondant actuellement, à créer une base monétaire pouvant remplacer avec le temps les esclaves et les cauries. Ces derniers ne sont, en définitive, qu'une pseudo-monnaie ridicule, puisqu'ils n'offrent aucune des conditions que doit réunir un objet représentatif de la valeur d'échange, c'est-à-dire surtout la valeur intrinsèque, la commodité du transport.

Un second moyen de rendre possible l'abolition de l'esclavage, c'est d'introduire un mode moins onéreux de transporter les marchandises que celui qui, actuellement, s'appuie sur le travail des esclaves. Je me rappelle une conversation que j'eus avec deux paysans sur les avantages respectifs du voyage à pied et du voyage par chemin de fer. La discussion se termina par cette affirmation catégorique d'un de mes interlocuteurs, qu'il faut être fou pour prétendre qu'il est plus économique de faire la route à pied plutôt que de prendre le train. Comme il n'était pas question de bagage, je suppose qu'il voulait dire que les haltes au cabaret étaient plus coûteuses que les stations de chemin de fer. Les Haoussas ne sont pas bêtes, tant s'en faut, et lorsqu'ils auront compris que le mode le plus cher de voyager est de faire le chemin à pied, il est indiscutable que le portage des marchandises à dos d'esclaves cesserait sans délai. Et cela est tellement vrai que, dans toute l'Afrique orientale, tout le monde convient que le chemin de fer tuera l'esclavage. Or, les raisons que l'on donne pour la construction d'un railway sur la côte sont tout aussi concluantes pour la côte ouest.

S'il faut construire un railway jusqu'à Ouganda pour mettre fin à la traite des noirs de ce côté, il en faut un à Kano pour des motifs dix fois plus graves. Si, là-bas, il est urgent d'avoir cette voie ferrée pour établir et maintenir l'ordre, l'urgence est bien plus grande pour ici. Enfin, si le chemin de fer d'Ouganda est raisonnablement susceptible de payer un dividende, puisque la ligne passera sur une grande partie de son parcours à travers des pays dont les produits sont presque sans valeur, combien ne serait pas plus avantageux un placement sur une ligne qui traverserait la contrée la plus fertile et la plus productive de toute l'Afrique tropicale? Rien que le transport de la noix de kola, de la côte à l'intérieur, par le chemin de fer, donnerait un résultat permettant de distribuer un dividende important. Il m'est arrivé de rencontrer une caravane d'un millier d'hommes accompagnés d'un nombre considérable d'ânes portant des noix de kola dans la direction de Kano. La valeur des noix transportées par cette caravane, qui n'était qu'une de celles faisant annuellement ce voyage, s'élevait à près de 100,000 livres sterling (2 millions et demi de francs). Tout ce commerce est maintenant aux mains des naturels, le cours du Niger ne permettant point de transporter les noix de kola par eau, sur une distance quelconque du trajet.

Les Français attribuent une telle importance au commerce du Soudan central, qu'ils ont non seulement parlé mais tenté de faire un chemin de fer qui traverserait le grand Sahara et le relierait aux colonies françaises de l'Algérie et de la Tunisie. Les dépenses fabuleuses qu'exigeraient ces travaux en ont provisoirement ajourné la réalisation, mais le simple fait d'avoir voulu mettre l'idée à exécution démontre la valeur économique de ces régions. Un chemin de fer allant à Kano devrait partir de Lagos sur la côte jusqu'à Rabbah sur le Niger. La distance de l'embouchure du Niger à Rabbah est d'environ 500 milles ; celle de Lagos à Rabbah ne serait pas de plus de 260 milles. Le chemin de fer passerait probablement par les grandes villes : Yoruba, Abeokuta, Ibadan et Ilorin, et la plus grande hauteur à franchir ne serait pas de plus de 400 pieds. La colonie de Lagos fournirait, je crois, la plus forte partie de la somme nécessaire pour entreprendre les travaux, ou interviendrait pour garantir le payement des intérêts, si le gouvernement britannique apportait son concours effectif pour commencer la mise à exécution du plan. Il serait possible de jeter un pont sur le Niger près de Rabbah, et ce serait le premier pas fait

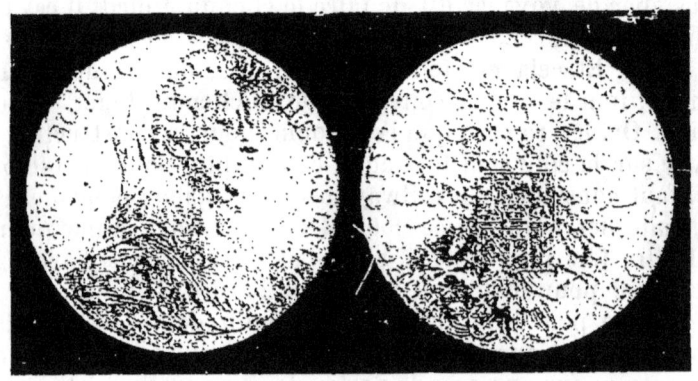

THALARI DE MARIE-THÉRÈSE.

pour s'avancer ensuite vers le cœur du Haoussaland. De Rabbah à Kano, il y aurait environ 400 milles ; la distance entre Kano et Lagos par cette route serait à peu près la même qu'entre Victoria-Nyanza (où doit aboutir le chemin de fer de l'Ouganda) et la côte orientale.

L'achèvement d'un chemin de fer à Kano serait dans tous les cas une entreprise de beaucoup de temps. Il faut espérer que dans l'intervalle il y aura une réaction efficace contre la chasse aux esclaves et la traite des noirs. Tout ce qui a été fait jusqu'ici dans ce sens est l'œuvre personnelle de la compagnie du Niger, sans aucune assistance du gouvernement anglais. A l'aide d'une ou deux petites embarcations armées, elle a essayé d'empêcher les chasseurs d'esclaves de passer le Niger et la Bénué ; mais, même si elle réussissait, elle serait loin d'avoir résolu la difficulté, car une simple compagnie à charte, même avec les meilleures intentions philanthropiques de ses directeurs, ne peut, sans une assistance considérable du gouvernement espérer lutter avec la traite organisée sur un tel pied.

Il faut donc se demander, en supposant que le gouvernement, sous la pression de l'opinion, se décide à prendre en main l'affaire

UN MARCHÉ D'ESCLAVES A KANO.

ou simplement à seconder la Compagnie royale du Niger, ce qu'il y aurait exactement à faire pour abolir complètement l'esclavage dans ce pays? Puisque l'obligation de fournir des esclaves à

Sokoto comme payement du tribut nécessite le maintien de la chasse aux nègres de la part de tous les États tributaires, il est évident que la première chose à réaliser est de contraindre le sultan de Sokoto à accepter des marchandises ou des produits du pays au lieu d'esclaves et à défendre l'envoi d'esclaves à Sokoto, sous quelque prétexte que ce soit. Ce serait là le premier pas, et un pas bien décisif, dans le sens de l'abolition de la traite en Haoussaland. Cette résolution aurait pour effet immédiat de faire baisser la valeur commerciale des esclaves et, par suite, de réduire peu à peu à néant la tentation qui pousse tout roitelet noir à tomber sur les villes et villages pour se procurer de l'argent en vendant les habitants.

Mais il n'est pas probable que le sultan de Sokoto renonce à son tribut annuel en esclaves sans y être sérieusement forcé. Heureusement Sokoto est plus accessible que Kano. Il y a des communications par eau établies avec Sokoto, quoique cette voie fluviale ne puisse servir à des transports suivis, à cause des cataractes au-dessus de Busa. On laisserait tout naturellement à la Compagnie royale du Niger toute initiative au sujet de cette contrainte, et il n'y aurait, une fois la campagne engagée, qu'à lui prêter main-forte.

III

Un tiers environ des Haoussas est musulman, y compris presque tous les Foulahs qui habitent le Haoussaland; car les Foulahs fétichistes, qui sont encore très nombreux, se trouvent en très grande partie à l'ouest du Niger. Le mahométisme est la religion dominante du pays depuis le commencement de notre siècle. Elle a été imposée aux Haoussas par leurs conquérants, les Foulahs. Dans les grandes villes, la moitié de la population est mahométane; le reste n'a pas de croyance définie, ou est tout simplement athée. Avant la conquête, c'étaient des fétichistes, qui détruisirent dans la suite toutes les idoles qu'ils avaient adorées. Sauf à Sokoto, où les Foulahs sont en majorité, on ne voit en règle générale pas de mosquées. Il y en a une petite à Kano; elle a l'air misérable et l'on en fait peu d'usage; il y en a aussi une attenant au palais à Zaria. Il convient de remarquer que les Haoussas manquent complètement de ce fanatisme religieux qui caractérise la partie orientale du Soudan. Quoique beaucoup d'individus y sachent lire, on n'y trouve que fort rarement des copies du Coran. Mon professeur, Abd-el-Kadr, qui était l'homme le plus instruit de Kano, ne possédait que quelques morceaux choisis du Coran. Il nous fut impossible d'obtenir des renseignements satisfaisants sur l'idolâtrie qui avait précédé la conquête musulmane. Les seuls Haoussas ayant conservé le culte des idoles sont les tribus des collines que les Foulahs ne sont jamais parvenus à subjuguer. Ces naturels se montrent, comme de juste, extrêmement défiants à l'égard des étrangers; aussi ne pûmes-nous tirer d'eux aucune information. Un des principaux obstacles à l'adhésion générale au mahométisme, c'est l'existence de la fête du Ramadan. L'obligation de s'abstenir de tout aliment et de toute boisson, du coucher du soleil à son lever, pendant tout un mois chaque année, est extrêmement dure sous un climat aussi chaud que l'est celui du Haoussaland, et la règle du jeûne est en fait violée par le plus grand nombre de ceux qui dans ce pays professent l'islamisme. L'institution du Ramadan me semble engendrer deux maux distincts. Tout d'abord, elle crée une quantité illimitée d'hypocrites qui font semblant de jeûner et s'en tiennent à l'apparence; en second lieu, la réaction qui se produit après le jeûne entraîne à la débauche et à l'orgie la plus dégradante. Salam, notre serviteur arabe, nous assura qu'à Tunis, où il demeurait, il n'y avait personne en réalité qui pratiquât le jeûne, quoique tous se fissent gloire de l'observer. Tous les membres de sa famille, et lui-même, prenaient un repas, mais en ayant soin de clore toutes les portes. Les restaurants musulmans sont fermés pendant toute la durée du Ramadan, mais ceux des Juifs restent ouverts, et les musulmans vont manger chez les Juifs.

Aussitôt après la clôture du Ramadan commence la principale fête de l'année, que les Haoussas appellent *Sallan laiya*. Elle venait de commencer quand nous arrivâmes à Kano, et elle nous décida à y demeurer deux jours de plus. A cette occasion, le roi, accompagné de quelques milliers de cavaliers et d'une nombreuse escorte à pied, se rend au dehors de la ville pour y faire ses prières en public. C'est aussi pendant cette fête que la population se réunit en foule, et il n'y a pas d'autre solennité religieuse au cours de l'année.

Quoique l'islamisme ne progresse que très lentement dans les États haoussas, il y a tout récemment trouvé des partisans en masse parmi les Yorubas, qui habitent une région à l'ouest du Haoussaland et ayant pour capitale Lagos. Ceux qui y introduisirent le culte d'Allah furent ces mêmes Foulahs auxquels fut due la conversion du Haoussaland au mahométisme.

La religion du Prophète a trouvé des apologistes nombreux en ces dernières années dans toute l'Angleterre. On a prétendu que pour une grande partie de la race humaine l'islam n'est pas seulement aussi bon que toute autre religion, mais de beaucoup préférable. Le mahométisme, dit-on, a opéré deux grands bienfaits parmi les nègres du Soudan central. Il a créé une civilisation bien supérieure à celle qui existait auparavant, et elle a détourné les nouveaux convertis de l'intempérance, ce grand fléau de tous les noirs. Le gouverneur de Lagos, sir Gilbert Carter, écrivait dernièrement au *Times* :

Il y a un remède efficace contre l'alcoolisme, c'est l'encouragement à se convertir au mahométisme. Le mahométan est forcément tempérant; la tempérance est pour lui une obligation de dogme, et on ne peut s'empêcher d'être frappé de l'influence exercée par ce dogme de sobriété sur le caractère de l'individu. Il y a un sentiment de dignité, de respect personnel chez le nègre mahométan qui n'existe pas chez le nègre chrétien. Le mahométisme exorcise plus sûrement le démon de la boisson que tout autre moyen.

Ce rapport entre le gin et le mahométisme découvert par le gouverneur de Lagos a échappé à la plupart des voyageurs, et j'incline à le trouver purement fantaisiste. M. Binger, qui a visité ces régions, est d'un tout autre avis Parlant des Foulahs, les mu-

NOIX DE KOLA (STERCULA ACUMINATA.)

sulmans les plus zélés de cette région de l'Afrique, il dit : « Tous sont mahométans sans exception, et tous sont ivrognes dans la plus large acception du mot. A cinq heures du soir, il devient impossible d'avoir avec aucun d'eux la moindre conversation sérieuse: jeunes et vieux, tout le monde est ivre. » Joseph Thomson s'exprime de même : « Partout vous trouvez le même état de choses, et dans beaucoup de localités la richesse et l'importance des divers villages se mesure à la hauteur des pyramides de bouteilles vides de gin qu'ils possèdent. »

IV

Le roi du Soudan est un objet de terreur non seulement pour son peuple, mais pour tous les marchands qui traversent son territoire. On le redoute beaucoup plus qu'aucun autre souverain nègre du Haoussaland. Le pays sur lequel il règne mesure deux

NUPÉ (MENDIANT) REVÊTU DE TOUS SES HABITS.

cents milles de long sur cent cinquante milles de large et se trouve au sud de Sokoto et au nord-nord-est de Bida. Quatre jours avant notre arrivée à son camp, nous avions entendu parler des atrocités de tous genres dont il s'était rendu coupable, et, s'il nous avait été possible de ne pas passer par ses Etats, nous n'y aurions certainement pas mis le pied. Le premier indice que nous eûmes des difficultés qu'il nous réservait fut qu'il s'abstint de nous envoyer des présents pour nous saluer et nous fit savoir son mécontentement de ne pas avoir reçu tout d'abord nos cadeaux. Le lendemain de notre entrée dans sa résidence, j'allai rendre personnellement ma visite au roi en lui apportant des présents qui valaient près de vingt livres. C'était un homme de trente-cinq ans. Je le trouvai couché dans une grande paillotte et entouré de sa cour. Quand j'eus étalé mes présents devant lui, il n'en témoigna pas de mécontentement, mais se borna à dire qu'il m'enverrait en échange une chèvre et du riz qui ne vint pas. La chèvre valait le vingtième de ce que j'avais donné. En le quittant, j'espérais que mes présents l'avaient satisfait et que nous ne serions pas inquiétés, mais je ne tardai pas longtemps à être cruellement déçu.

A mon retour de chez le roi, je fus suivi par un de ses frères qui me harcela pour avoir un présent de moi. Je lui donnai un couteau norvégien qui ne lui plut guère. Presque aussitôt après, le fou en titre du roi arriva en hurlant et en se lamentant : il voulait aussi quelque chose. Je lui envoyai une caurie, qui équivaut ici à peu près au cent vingtième d'un penny. C'était tout ce qu'il méritait, pour tout le bruit qu'il avait fait, et je regrettai même qu'il n'y eût pas de monnaie divisionnaire encore plus petite pour des cas semblables. Dans l'après-midi, le frère du roi, qui avait eu le couteau, reparut. Il se plaignit de ce que l'homme qui avait apporté la chèvre envoyée par le roi n'avait pas eu de présent. Et comme nous lui offrions de réparer l'oubli, il continua à maugréer en nous disant, de la part du roi, qu'il n'y avait que moi qui lui eusse rendu visite, et il ajouta, ce qui était le principal objet évidemment de ses récriminations, que le présent remis au roi était bien trop insignifiant, qu'en définitive j'avais offensé le roi en lui faisant ce cadeau si mesquin. Je répondis que je ne pouvais faire davantage. Alors il nous enjoignit de faire nos paquets et de nous rendre dans le camp du roi, où il nous retiendrait prisonniers. En arrivant dans notre campement, il avait rencontré notre domestique, qui achetait des vivres pour nous sur le marché. Il l'avait bousculé en jetant par terre ses cauries et l'avait chassé du marché, en lui interdisant de faire la moindre acquisition d'aliments pour nous. Cette attitude aggravait considérablement notre position, car nous n'avions plus de provisions que pour un seul repas, et nous nous trouvions ainsi dans l'impossibilité de nous en procurer d'autres. Sur l'invitation du frère du roi d'avoir à porter nos bagages dans le camp royal où ils seraient mis sous séquestre, je repartis que jamais nous ne consentirions à pareille exigence. Sur quoi, il entra dans une violente colère et menaça de nous massacrer tous. Je répondis qu'il perdrait à ce crime, car aucun blanc ne viendrait plus dans le pays. Mais cette réponse produisit un effet tout opposé à celui que j'en attendais, car il s'empressa de déclarer que c'était bien là ce qu'il voulait et qu'il n'avait aucun besoin de relation avec les blancs. Je lui fis remarquer que, si nous étions peu nombreux, nos fusils étaient à répétition, et que s'il avait le dessus, nous lui tuerions d'abord beaucoup de gens.

Nous n'avions pas achevé de parler qu'un messager nous rapporta notre présent, que le roi avait refusé. Les choses prenaient une tournure fâcheuse, et il était clair que nous devions prendre une mesure immédiate pour éviter que le roi ne tombât sur nous. Comme il était manifeste que le frère du roi nous avait desservi et dénigré auprès de lui, le premier parti à prendre était de le gagner à notre cause. Je lui dis donc que nous doublerions la valeur du présent à faire au roi, et que nous lui en donnerions un également important à lui-même, s'il voulait nous garantir que le roi nous laisserait en paix. Il demanda à voir d'abord en quoi consisterait le présent que nous lui destinions. Il le marchanda longtemps, et finalement nous fûmes forcés de lui donner pour une valeur de dix livres de tissus, consistant principalement en pièces de soie. Il ne prit pas tout de suite le présent, mais annonça qu'il reviendrait le chercher à la nuit. Il voulait ainsi cacher au roi qu'il avait reçu un cadeau de nous. Avant de nous quitter définitivement, il nous promit que le roi ne nous renverrait plus nos présents, mais que nous pourrions nous remettre en route le lendemain matin. Seulement il ajouta que le roi pourrait fort bien envoyer des gens à notre poursuite pour nous faire prisonniers. Il y avait un instant qu'il s'était retiré lorsque arriva un messager du Dan-Galladima, personnage qui se targue d'avoir plus de crédit que personne auprès du roi. Ce messager nous apportait un présent de cinq milles cauries et nous demandait un cadeau en échange. Nous fûmes forcés de nous exécuter et de donner en outre quelque chose au messager et au porteur des cauries. Le fils du roi, en revenant chercher ses pièces de soie à la nuit, répéta à plusieurs reprises qu'il allait nous envoyer du riz, mais nous l'attendons encore.

Le lendemain, nous étions debout à trois heures du matin et, nous nous mîmes en marche. Nous nous attendions à toute minute à voir surgir quelques-uns de nos Haoussas qui se seraient emparés de nos ânes, car il n'y avait rien de plus facile. Nous pûmes toutefois avancer librement et fîmes environ vingt-deux milles. Un de nos ânes s'abattit pour ne plus se relever, et un second qui s'affaissait sous sa charge dut en être débarrassé pour la faire porter par deux hommes. Heureusement, notre escorte était aiguillonnée par la peur et accéléra le pas autant que possible.

Le pays que nous traversâmes maintenant est couvert de bois épais et constamment coupé de ravins. Nos vivres diminuaient sensiblement, et si nos hommes n'avaient trouvé quelques racines qu'ils arrachaient du sol et mangeaient, nous serions morts de faim. Ce qui rendait notre situation encore plus périlleuse, c'est que nous avions la certitude que le sultan du Soudan avait ravagé le pays sur une étendue de soixante milles, dans la direction même où nous marchions.

Une semaine après, nous franchîmes la rivière Koduna, et, complètement épuisés de fatigue, nous arrivâmes à un petit village appelé Karamin Ayaba. De là nous entrâmes sur le territoire de Bida, dont le roi possède des milliers d'esclaves. De Bida nous nous dirigeâmes sur Egga, puis nous arrivâmes à Lokoja. Nous avions recueilli de précieux détails ethnographiques et constaté qu'en plusieurs endroits de cette partie de l'Afrique les populations se livrent encore au cannibalisme.

Ch. Henry ROBINSON

CAURIES.

www.ingramcontent.com/pod-product-compliance
Lightning Source LLC
Chambersburg PA
CBHW060602050426
42451CB00011B/2034